NADOLIG Y PLANT

Nadolig y Plant

Casgliad o farddoniaeth y tymor

Gol. Myrddin ap Dafydd

Golygydd: Myrddin ap Dafydd

ⓗ y beirdd/Gwasg Carreg Gwalch

ⓗ y lluniau: Siôn Morris

Argraffiad cyntaf: Hydref 2004

Rhif Llyfr Safonol Rhyngwladol:
0-86381-916-8

Cynllun clawr a'r lluniau tu mewn: Siôn Morris

Argraffwyd a chyhoeddwyd gan Wasg Carreg Gwalch,
12 Iard yr Orsaf, Llanrwst, Dyffryn Conwy, LL26 OEH.
☏ 01492 642031
🖹 01492 641502
✆ llyfrau@carreg-gwalch.co.uk
lle ar y we: www.carreg-gwalch.co.uk

Cyflwyniad

Cyn hir, bydd pob un ohonom yn dod â lliwiau a lluniau Gŵyl y Nadolig i addurno ein hysgolion a'n cartrefi. Byddwn yn creu cardiau yn dangos coed bythwyrdd a phlu eira; byddwn yn creu sêr disglair a rhoi llun Siôn Corn wrth droed y simnai; byddwn yn tynnu'r moch coed, y tinsel a'r addurniadau o'u bocsys a'u gosod i harddu'r nenfwd a'r waliau. Yng nghanol y cyfan, bydd preseb, bugeiliaid, angylion a doethion ar gamelod.

Mae'r lluniau hyn yn gymorth i ni weld stori'r Nadolig, yn ogystal â bod yn hwyl ac yn sbort yng nghanol y gaeaf wrth gwrs. Mae'r cerddi yn y casgliad hwn yn llawn o'r lluniau hyn – a llawer ohonyn nhw'n dal hwyl y Nadolig yn ogystal.

Mwynhewch y lluniau, mwynhewch y cerddi – a Nadolig Llawen ichi i gyd!

Myrddin ap Dafydd

Cynnwys

Mae Siôn Corn yn caru plant

Mae Siôn Corn yn caru plant
Holl blant y byd yn grwn;
Mae e'n ffrind i Wncwl Ben
A ffrind i Taid, mi wn.
Mae e'n ffrind i Iesu Grist,
Medd person ein plwy ni.
Tair bloedd groch i'r hen Siôn Corn –
Dyna ddyweda i.

Gwyn Morgan

Cyfri'r dyddiau

(i'w dweud yn rhythm tipiadau'r cloc)

Saith diwrnod i'r Nadolig –
Hoffwn gyfrifiadur.
Chwe diwrnod i'r Nadolig –
Hoffwn wyddoniadur.
Pum diwrnod i'r Nadolig –
Hoffwn innau roced;
Pedwar diwrnod i'r Nadolig –
Hoffwn raw a bwced.
Tridiau eto i'r Nadolig –
Byddai beic yn sbri.
Dim ond deuddydd i'r Nadolig –
Falle cath neu gi.
Methu aros, methu aros –
Dim ond dau ddeg pedair awr;
Methu aros – methu aros
Rwy'n moyn Nadolig, NAWR!

Gwyn Morgan

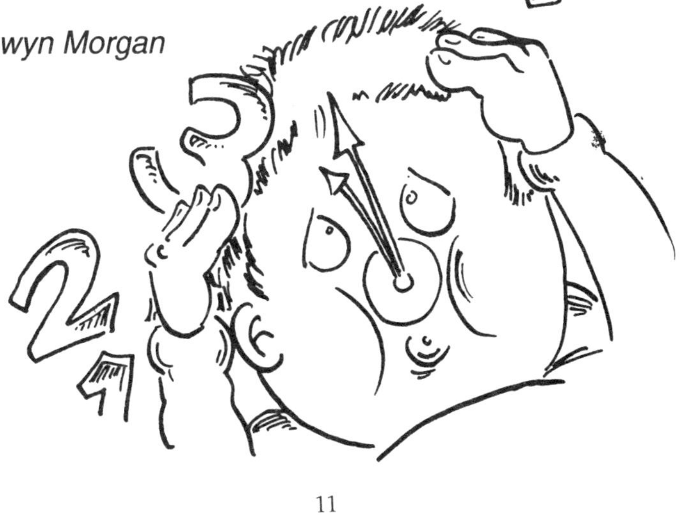

Mewn bocs ym mhen draw'r atig . . .

Mewn bocs ym mhen draw'r atig
Mae'r Nadolig o dan glawr,
Ac mae'r tinsel a'r canhwyllau
Yn aros i ddod i lawr.

Ar wythnos gyntaf Rhagfyr
Pan fo'r rhew yn cydio'n dynn,
Bydd gwres holl liwiau'r cyffro
Ar y muriau gyda hyn.

Bydd 'na gelyn ar yr aelwyd
A bydd hosan wrth y tân,
A bydd cylchoedd aur y goeden
Yn disgleirio'n loyw lân.

Ac ar ei brig bydd seren,
Bydd lleisiau'r nos ynghynn
A bydd côt Siôn Corn fel llynedd
Yn llaes, a'i wallt yn wyn.

Rhown dinsel a rubanau
Ar hyd y Rhagfyr hwn,
A bydd addurniadau plastig
Yn lliwio'r mis yn grwn.

Ac i'r bocs ym mhen draw'r atig
Rhown y rhain yn ôl dan glawr,
Yn ôl ar ben y Baban
Na chafodd ddod i lawr.

Tudur Dylan Jones

Drama'r geni

Dwi 'di actio yn hon ers dwi'n cofio
A'r un 'di pob sgript i gyd,
Ond un peth sy'n ei wneud yn gofiadwy,
Dy fod *di* yn y ddrama o hyd.

Ond dwi'm isio bod yn fugail
Yn cerdded bryn a rhos
A rhynnu yn yr oerfel
Wrth wylio'r praidd liw nos.

Lletywr o'n i llynedd
Lletywr cas rhif tri,
Yn gweiddi dros y capel
Nad oedd 'na le gen i.

Mae bod yn un o'r doethion
Yn gallu bod yn cŵl,
Ond mae gwisgo cyrtens parlwr
Yn fy ngwneud i deimlo'n ffŵl.

Mi fwynheuais i fod yn Herod –
Do'n i rioed 'di bod o'r blaen –
Ond mae bod yn gas bob blwyddyn
Yn gallu bod yn straen.

Mi o't ti'n Gabriel llynedd,
Dwi'n cofio hynny'n iawn,
Am fod dy eiriau'n hedfan,
Am fod dy olau'n llawn.

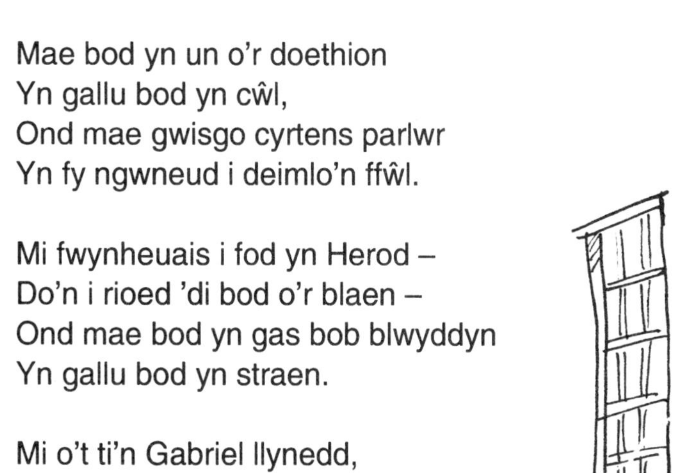

Dwi'n un ar ddeg eleni,
Dyma 'mlwyddyn ola i
I fod yma ar y llwyfan
Ac wrth dy ochor di.

Ti 'di actio ym mhob drama,
A hynny ers pedair oed,
Bob Dolig a thrwy'r flwyddyn
Ti yw'r angel perta 'rioed.

Mi actia i leni eto,
Mi ddysga i bob un gair,
A plîs, ga i fod yn Joseff
Os cei dithau fod yn Mair?

Tudur Dylan Jones

Côr carolau

Daeth côr o stryd gyfagos
I ganu wrth tŷ ni,
Ac roedden nhw'n ofnadwy
Wrth leisio'u cwyn a'u cri.
Fe dorron nhw'r ffenestri
Wrth ganu mas o diwn,
Yn wir, roedd yn well gen innau
Fynd mas nag aros miwn.

Gwyn Morgan

Dolig Carden-Dolig

O Dad, os dwi'n fachgen da,
bachgen da iawn, iawn, yna
a ga *i* am un gaea'
Dolig Carden-Dolig, Dad?

A ga'i weld yr eira gwyn,
eira cŵl ar y celyn,
a rhyw rebel o robin
yn pori'r rhew am fwyd prin?

A ga'i weld yr oenig wen
yn siarad gyda'r seren,
a beudy'n dweud ei bader
law yn llaw â'r gannwyll wêr?

A ddaw, pan fo'r nos yn ddu,
angylion at fy ngwely?
A ga'i holi'r bugeilied,
os oes siawns, am seis y sied?

A ga'i, fel y babi gwan,
breseb i'w roi i'r hosan?
A dim ond am un funud
a ga'i'r anrhegion i gyd?

'Os hyn yw dy ddymuniad,
os bihafi di,' medd Dad,
'ac os cysgi di yn dynn
mi ddylai pob dim ddilyn.'

Ceri Wyn Jones

Cyn y Nadolig

Cynnau cannwyll yn llygad y flwyddyn hen;
Canu carol a'i gweld hi yn ein gwên;
Casglu celyn a'r pigog heno'n glên,
Cyn yr ŵyl a chyn y nos.

Bwrw boncyff i'r tân a phrocio fflam;
Parseli'r pinwydd yn plygu'r canghennau'n gam;
Ble mae'r ffon fugail, ble mae'r wisg angel, Mam?
Cyn yr ŵyl a chyn y nos.

Siwgwr eisin ar y ffrwythau i gyd;
Siwgwr eisin yn holl ffenestri'r stryd;
Siwgwr eisin yn heddwch dros y byd,
Cyn yr ŵyl a chyn y nos.

Hanesion yn hedeg, yn cyrraedd mannau cudd;
Hosan yn hongian, gofyn a disgwyl sydd
Cyn yr ŵyl a chyn y nos;
Disgwyl, gofyn a disgwyl sydd
A'r nos yn dal i naddu'r dydd.

Myrddin ap Dafydd

Noswyl Nadolig

Mae seren i bob baban heno
A'i gwên hi yng nghalon pob mam,
Am mai hon sydd yng nghannwyll pob llygad
A'i chariad yw'r golau'n y fflam.

Mae bugail i bob oen bach heno
A chorlan i'w gadw yn glyd,
Ac ar noson fel heno rwy'n gwybod
Bod y doeth yn credu o hyd.

Ac os oes 'na Herod yn rhywle
Yn aros am gyfle i ladd,
Mae lletywr yn rhywle arall
Yn barod â stafell i'n gwadd.

A heno yng nghysgod pob coeden,
Mae 'na anrheg dan foncyff praff
Yn disgwyl am rywun i'w ffeindio,
A'i dderbyn, a'i gadw yn saff.

Ac ond i ti agor dy lygaid
Fe gei di yr anrheg, cred fi,
Wedi'i lapio yn dynn mewn cadachau
Yn aros am rywun fel ti.

Mererid Hopwood

Miwsig yw'r Nadolig

Miwsig yw'r Nadolig,
Oratorio Bach;
Meseia peraidd Handel,
Sgrech fy chwaer a'i strach.

Gwyn Morgan

Carol Dolig

Ond yn rhywle ma' 'na hogyn
Yn breuddwydio yn ei grud
Am sêr yn syllu'n syml
Ar bethe bach y byd.

*　*　*

'Nadolig' – meddai'r siopwr clên ar Fedi dau ddeg tri.
'Nadolig' – meddai dyn y banc!
   Cewch fenthyg pres gen i.
'Nadolig' – meddai'r coediwr, 'mi af i dorri'r coed,
'Mi wna i fwy o elw nag a wnes erioed!'

*　*　*

Newyddion da o lawenydd mawr!
    Mae'r soffa'n hanner pris –
Ma' hi lawr i gant a hanner (efo garantî am fis).
Newyddion da o lawenydd mawr!
    Mae Santa ar y stryd
Yng Nghaernarfon, ac yn Aber
    ac yn Mwmbwls yr un pryd.

*   *   *

Dewch i Argos i addoli! Toys 'R Us yw'n capel ni;
Yn 'Woolies' mae angylion, a chlychau bach di-ri,
A doethion a bugeiliaid wedi'u gwneud o joclet gwyn
Ac yn y preseb arian mae Babi Benjamin.

Sgwad Sgwennu Gwynedd
dan arweiniad Twm Morys

Mae baban . . .

Ym melodïau 'Dawel Nos'
Mae baban.

Ym mherlau'r uchelwydd
Mae baban.

Yng ngwaed yr aeron coch
Mae baban.

Yn sglein meddal yr eira
Mae baban.

Yn wyneb y pwdin Dolig
Mae baban.

Yn rubanau sidan y presantau
Mae baban.

Yn y cariad dan yr uchelwydd
Mae baban.

Yn ffydd y bugeiliaid
Mae baban.

Yn nillad drudfawr y doethion
Mae baban.

Yn nhawelwch tangnefedd
Mae baban.

Yn nhawelwch Mair
Mae baban.

Yng nghalon pob un
Mae baban.

Yn stabl y byd
Mae baban.

Ynot ti a fi
Mae baban.

Blwyddyn 7W, Ysgol Botwnnog

Y bugeiliaid yn mynd am Fethlem

Rwy'n gallu'ch clywed chi
Yn cynnau'r gannwyll
Yn y tywyllwch.

Jeremy Rees
Ysgol Gynradd Carwe

Y bugeiliaid

Chi sy'n gweithio'n galed
Drwy'r dydd a thrwy'r nos
Yn gofalu am y defaid a'r ŵyn bach;
A heno,
Chi sy'n dilyn seren
I weld y baban Iesu
Yn y stabal,
A nawr mae'n amser rhoi'r anrhegion –
Oen bach pert
A gwên.

Rhianna Hopkins
Ysgol Gynradd Carwe

Angylion yn canu

Angylion yn canu i Iesu Grist.
Addurniadau yn hongian yn y tŷ.
Anrhegion i'w lapio i bawb dros y byd.

Cannwyll yn fflachio dros y tŷ i gyd.
Cerdyn yn eistedd ar ben y teledu.
Coeden Nadolig yn edrych yn dlws.

Siôn Corn yn dod i roi anrhegion.
Seren yn disgleirio yn y nos.
Sled yn teithio i lawr y bryn.

Marni, Blwyddyn 5
Ysgol Glan Morfa

Dyma'r Geni, dyma'r Dolig

Dyma'r aur yn y doethion,
Dyma'r drysorfa yn yr aur.
Dyma'r weledigaeth yn y bugeiliaid,
Dyma'r wefr mewn gweledigaeth.
Dyma'r neges yn yr angylion,
Dyma'r angerdd yn y neges.
Dyma'r tangnefedd yn y baban,
Dyma'r byd mewn tangnefedd.
Dyma'r gorau o'r anrhegion,
Dyma'r anrheg mewn baban.
Dyma'r byd mewn Imaniwel,
Dyma'r byd a 'Duw gyda ni'.
Dyma'r Dolig,
Dyma'r Geni.

Kirsty Saycell, Manon Mai a Ffion Thomas
Blwyddyn 8, Ysgol Botwnnog

Yn y cyngerdd Dolig

Plant hapus
Neb yn ddiflas
Angylion yn y stabl
Yn canu i'r goruchaf
Doethion a'u hanrhegion i'r
baban Iesu, mab Duw
Llety llawn
Golau disglair
Bugeiliaid ger y preseb
Yr oen di-nam.

Ysgol Glan Morfa, Abergele

Y Robin Goch

Ehedodd draw dros goed afalau
Saethodd dros gae
Glaniodd ar gelyn pigog disglair
Pen-blwydd hapus i faban Mair.

Kyle Boulton, Ashleigh Jones a Gethyn Buckley
Ysgol Gymraeg Cwm Gwyddon

Fi yw'r eira

Fi yw'r eira
Yn disgyn yn dawel
Fel stwffin
O hen dedi.

A welwch chi fi
Yn disgyn 'nawr
Fel deilen
Yn dawnsio
Yn y gwynt?

Rwy'n disgyn
Fel petal o flodyn
Nes cyrraedd
Blanced wen y ddaear.

Jacqueline Thomas
Ysgol Gynradd Carwe

Angel Nadolig

Ar ben y goeden
Eisteddaf yn unig.
Gweddïaf am ffrindiau
I ganu carolau.

Gwelaf deuluoedd yn agor anrhegion.
Bwyta, darllen, chwarae gêmau.

Cyfrinach sydd gennyf.
A wyddoch chi?
Hedfan o gwmpas
Yn y nos,
Yn y tŷ.

Chwifio'r ffon hud,
Ysgwyd adenydd,
Siglo'r goron
Mor dawel â llygoden.

Hud a lledrith –
Un, Dau, Tri,
I ffwrdd â fi!

Blwyddyn 4
Ysgol Pontyberem

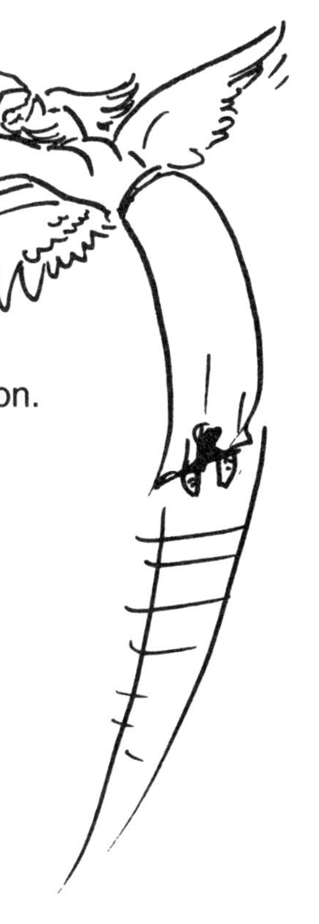

Ffrind dros dro

Ar ôl un nos o eira,
Y fi a rhai o'm ffrindia
Ga'th hwyl yng ngardd drws nesa,
Yn gwneud ein ffrind o'r eira.

Roedd cap mawr coch gan Cara
Ar dop ei ben, fel Santa.
A *Pringles* iddo'n glustia.
A'i enw – Ffranc Sinatra.

Pan ddaeth fy Nain 'nôl adra,
Ar flaen ei drwyn yn smala
Rhoi sbectol dew ei fframia –
Rhag gorfod gwneud llygada.

Nid oedd ein ffrind yn swta.
Ei geg yn wên banana.
Ac am ei wddf yn llipa
Roedd sgarff Man U (y gora).

Yn dwt i lawr ei fola,
Tameidiau glo'n fotyma.
Ei freichiau cam o friga,
I ysgwyd llaw â'i ffrindia.

Pan godais yn y bora,
Roedd Ffranc 'di rhedeg adra,
Gan adael dim ond creiria
Er cof i'w ffrindia penna.

Ysgol y Bont, Llangefni

Fi yw

Ust!

Fi yw'r eira gwyn –
Rwy'n dod lawr
Yn dawel
Drwy'r dydd.

Dyma fi
Fel deilen ysgafn
O'r rhewgell.

Ust!

Rwy'n disgyn
Yn dawel nawr
A does neb yn gwrando.

Carl Slaughter
Ysgol Gynradd Carwe

Tymor y Nadolig

Nadolig Llawen! Nadolig Llawen!
Blwyddyn Newydd Dda.
Anrhegion dan y goeden
A hosan llawn da-da.

Eira'n disgyn ar y llawr
Yn fôr o garped gwyn.
Finnau'n chwarae allan nawr,
Yn sglefrio ar y llyn.

Ysgol y Bont, Llangefni

Dyn Eira Maes-y-wern

Mae'r dyn eira heno
Yn edrych fel dwy garreg oer
Un ar ben y llall.

Cerflun llonydd ar y lawnt.

Rwy'n teimlo fel dyn eira
Yn edrych yn gysglyd
Wrth godi ar ei draed.

Jeremy Rees
Ysgol Gynradd Carwe

Eira

Balerina
Mewn gwisg wen.

Secwins
Yn chwincio yn yr haul
Mor oer
Ar nos y ddawns.

Diemwntau ysgafn
Disglair yn yr aer,
Gwerthfawr fel arian.

Sêr y nos yn sgleinio
Wrth ddisgyn yn dawel
I'r ddaear wen.

Mae'n amser chwarae nawr!

*Cerdd Ddosbarth
Ysgol Gynradd Carwe*

Stori'r Geni 2

'Rôl teithio o Narberth, roedd Joseff am aur
i brynu o leia un weli yn y gwair,
ac er nad oedd lle yn y Beti, 'rôl sbel
roedd lle yn y Starbucks i fe a Manuel,
ac yno fe anwyd y caban bach, gwych,
a'i roi yn y mellt gyda'r rhacsyn a'r brych.

Ar gefn eu cwningod fe ddaeth tri gŵr noeth,
gan ddilyn y seiren o'r dwyrain pell, poeth,
(ac enwau y noethion oedd Mair, Myrr a Phus –
wel dyna yr enwau a gawsom gan Miss!).
A daethant i Starbucks 'rôl teithio'r holl fyd
a rhoi eu harchebion i'r caban mewn crud.

Ym Methlem Jemeima yr oedd yn y nos
fogeiliaid yn hwylio eu blaidd ar y rhos,
a chamel yr Arglwydd a safodd gerllaw
a darllen y *news* am lawenydd heb fraw:
'Mae caban 'di'i eni, na fyddwch yn drist –
ewch draw at y *press-up* i weld Bessie Grist!'

Ceri Wyn Jones

Mae'r tŷ yn llawn teganau

Mae'r tŷ yn llawn teganau
Hyd loriau, ar bob gris,
Dan wely, mewn cypyrddau clo
Mae llawer gêm a dis.

A dyna pam wnaeth Dadi
Afael yn y llen,
Pan lithrodd ei droed odano
A glaniodd ar ei ben.

Rhoddwyd bai ar yr injan dân
Oedd yn swatio ar y stâr,
A nawr mae Dadi'n gorwedd
Mewn ysbyty yn Aberdâr.

Gwyn Morgan

Rhannu

Yn y dechreuad,
cyn yr un seren na'r un geni –
cyn dim,
cyn y byd,
cyn dim byd o gwbl,
a'r cwbl yn dywyllwch tawel,
doedd dim siw na miw
na sŵn
dim –
ond sŵn rhyw Synnwyr
yn dweud na allai 'dim' fod.

Ac felly bu bollt
a holltodd
yr Un 'dim byd' cyfan
a'i rannu'n
ddarnau – yn filiynau mor fân.

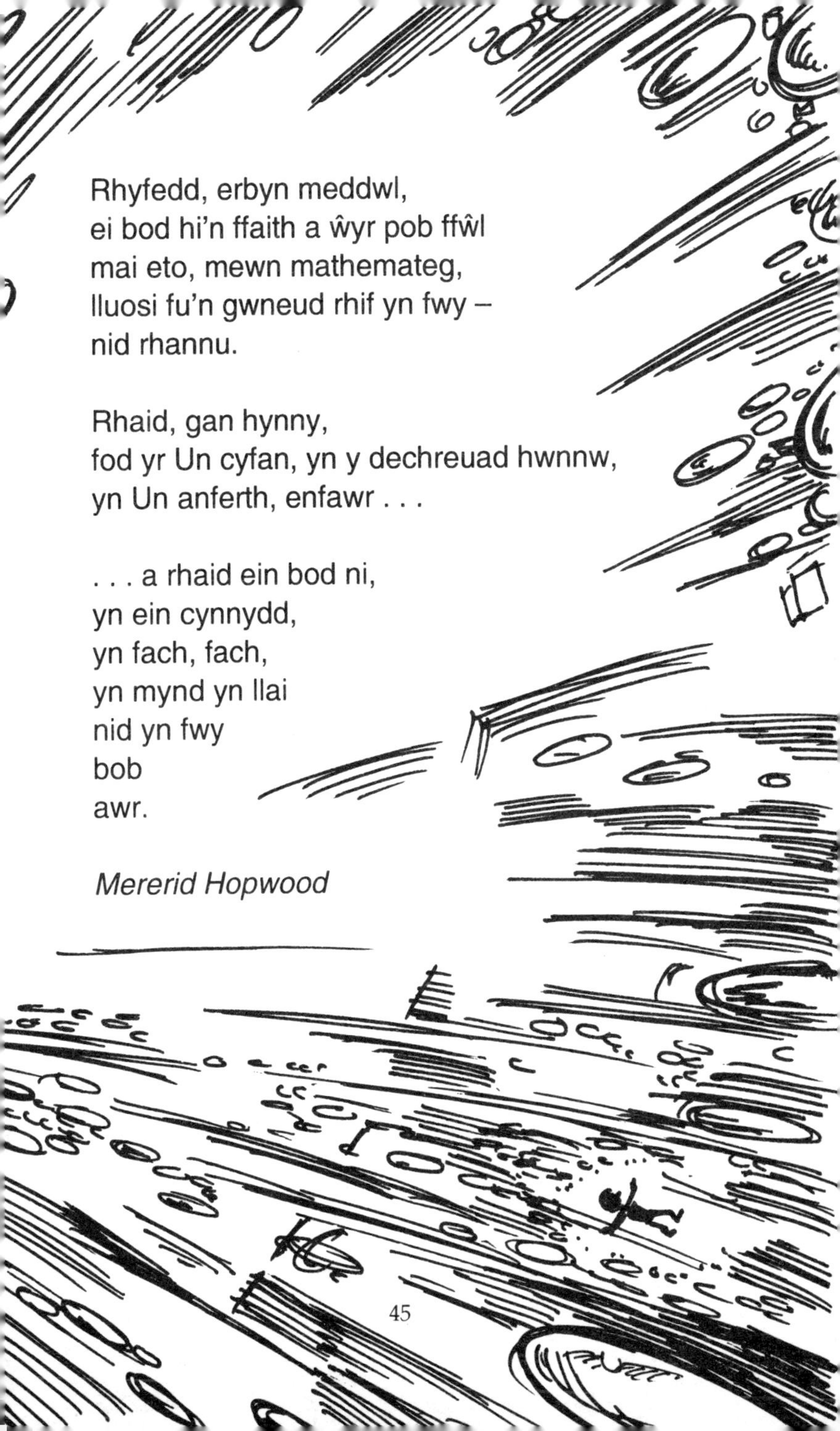

Rhyfedd, erbyn meddwl,
ei bod hi'n ffaith a ŵyr pob ffŵl
mai eto, mewn mathemateg,
lluosi fu'n gwneud rhif yn fwy –
nid rhannu.

Rhaid, gan hynny,
fod yr Un cyfan, yn y dechreuad hwnnw,
yn Un anferth, enfawr . . .

. . . a rhaid ein bod ni,
yn ein cynnydd,
yn fach, fach,
yn mynd yn llai
nid yn fwy
bob
awr.

Mererid Hopwood

Hir pob aros

Bu Dad ac Wncwl Dai
Yn chwarae ers rhai oriau;
Pryd caf innau gyfle
I chwarae 'da'r teganau?

Gwyn Morgan

Breuddwyd yw'r Dolig

Breuddwyd yw'r Dolig
Am engyl a'i rhyw
Yn canu eu neges
Am deyrnas Dduw.
Dihunodd Joseff,
Dadebrodd Mair,
Llamodd bywyd
Rhwng y gwlith a'r gwair.

Gwyn Morgan

Joseff

Joseff dw i'n ei hoffi,
O holl gymeriadau'r Gair;
Doedd dim lot 'da fe i ddweud
Ond ufuddhau i Mair.
Trin y pren a hybu'i ddawn,
Arwain asyn ar ei daith;
Dyn y weithred ydoedd ef –
Ei fywyd oedd ei waith.

Gwyn Morgan

Ym Methlehem dref

Fel ddoe ac echdoe mae'r wawr yn berig
a'r doethion allan yn taflu cerrig,
a dagrau'n gwlitho'r hen dir sychedig
ym Methlehem dref.

Mae gwaed yn berwi fel bu ers achau
wrth i rywrai fentro i beintio croesau,
ac mae Herod eto'n cnocio drysau
ym Methlehem dref.

Mae pob un angel yn cau ei lygaid
a gwylio eu meibion mae'r bugeiliaid,
ond dal i danio mae'r hen ffyddloniaid
ym Methlehem dref.

Ac eto eleni, fel pob Nadolig,
dan gannwyll denau mae offeiriad unig
yn siarad efo'i dduw siomedig,
ym Methlehem dref.

Yn nwfn ei bader mae yntau'n gwybod
bod cymaint i'w ofyn a'r gannwyll yn darfod,
ac nad oes amser i ddweud pob adnod
dros Fethlehem dref.

Meirion MacIntyre Huws

Yng ngolwg yr angylion

Yng ngolwg yr angylion – aeth yr ŵyl
    yn beth rhad, yn sebon,
  yn dinsel hyd orwelion,
  yn eisiau o hyd o sach Siôn.

Yng ngolwg yr angylion – mae Herod
    ym Mharis ac Arfon
  yn dal, a'i ddaliadau o'n
  dynn, dynn ym meddwl dynion.

Yng ngolwg yr angylion – mae hi'n flêr,
    mae 'na floedd yn gyson,
  a rhywle clywir hoelion
  ar groes dros y ddaear gron.

Ond gwyn yw'r wlad, gwyn yw'r lôn – a'r rhedyn
    ar hyd ei hymylon,
  a ninnau bawb yn y bôn
  yng ngolwg yr angylion.

Meirion MacIntyre Huws

Rap y papur lapio

Papur tenau lliwgar, drud.
Prynu toman ar y stryd.
Lluniau Groovy Chick a'r sw,
Tigger, Mel a Winnie Pooh.

Pawb yn eistedd ar y llawr.
Lapio, lapio pethau mawr.
Rhai yn grwn a rhai yn sgwâr,
Rhai yn gorfod bod mewn pâr.

Bore wedyn, plantos bach
Ddaw i wagio yr hen sach.
Rhwygo'r lluniau del i gyd.
Papur tenau lliwgar, drud.

Ysgol y Bont, Llangefni

Gwrandewch

Gwrandewch
ar blu eira
yn cwympo ar lawr –
glaswellt gwyn.
Gwrandewch
ar garnau Rwdolff
yn taro ar y to;
sŵn plant yn agor anrhegion
ar ddydd Nadolig.
Carolau yn canu o'r heol.
Gwrandewch ar orsaf chwarae
yn gweiddi o'r teledu!
Gwasgwch fotwm y Nintendo.
Gwrandewch!
Siôn Corn yn cwympo lawr y simnai!
'Help! Rwy'n sownd!'
Nadolig swnllyd.
Gwrandewch
ar y baban Iesu
yn crio yn y crud.

Ffion Thomas
Ysgol Gymraeg Cwm Gwyddon

Mae'r Nadolig yn dod

Mae'r Nadolig yn dod
Mae'r Angylion yn canu
Mae'r plant yn gyffrous
Ac mae pawb yn rhannu!

Mae'r Nadolig yn dod
Mae'r hosanau i fyny
Mae'r plant yn canu carolau
Ac mae pawb yn prynu!

Mae'r Nadolig wedi dod
Ac mae pawb wedi deffro
Ac mae pawb yn gweiddi
Yn llawn cyffro!

Jack Lloyd Williams
Ysgol Glan Morfa

Siôn Corn

Cerdded i lawr y grisiau
Yn dawel bach
Fel robin goch yn cerdded yn yr ardd
I weld a yw Siôn Corn wedi bod.

Shannon Poole
Ysgol Gynradd Carwe

Nadolig prysur

Mae'r hosan yn llawn
'Bwys y simdde fawr,
Mae Siôn Corn wedi bod
A'r Nadolig wedi dod.

Hannah Grace Davies
Ysgol Parc y Tywyn

Beic

Y Nadolig hwn,
Beic mawr oren i mi
Oddi wrth Siôn Corn
Er mwyn mynd yn glou
Rownd Maes y Wern.

Golau mawr melyn
Fel yr haul
A sŵn y corn
Yn dihuno pawb drwy Carwe.

Mynd i siopa lawr yn y dre
Ar y beic mawr oren,
Ac arafu wrth fynd rownd y tro.
Hwrê! Mae hwn yn feic da.
Diolch, Siôn Corn!

Brandan Larkin
Ysgol Gynradd Carwe

Cracer

Bwrdd o bibellau lliwgar
A'u clustiau crychlyd crand,
Clec! A'r ogof yn agor,
Cael het mewn lastig band.

Darllen y jôc a chwerthin,
A'r teulu'n bwyta'r pryd,
Ond mae mwy o werth mewn cracer
Nag mewn hosan Trydydd Byd.

Ysgol y Bont, Llangefni

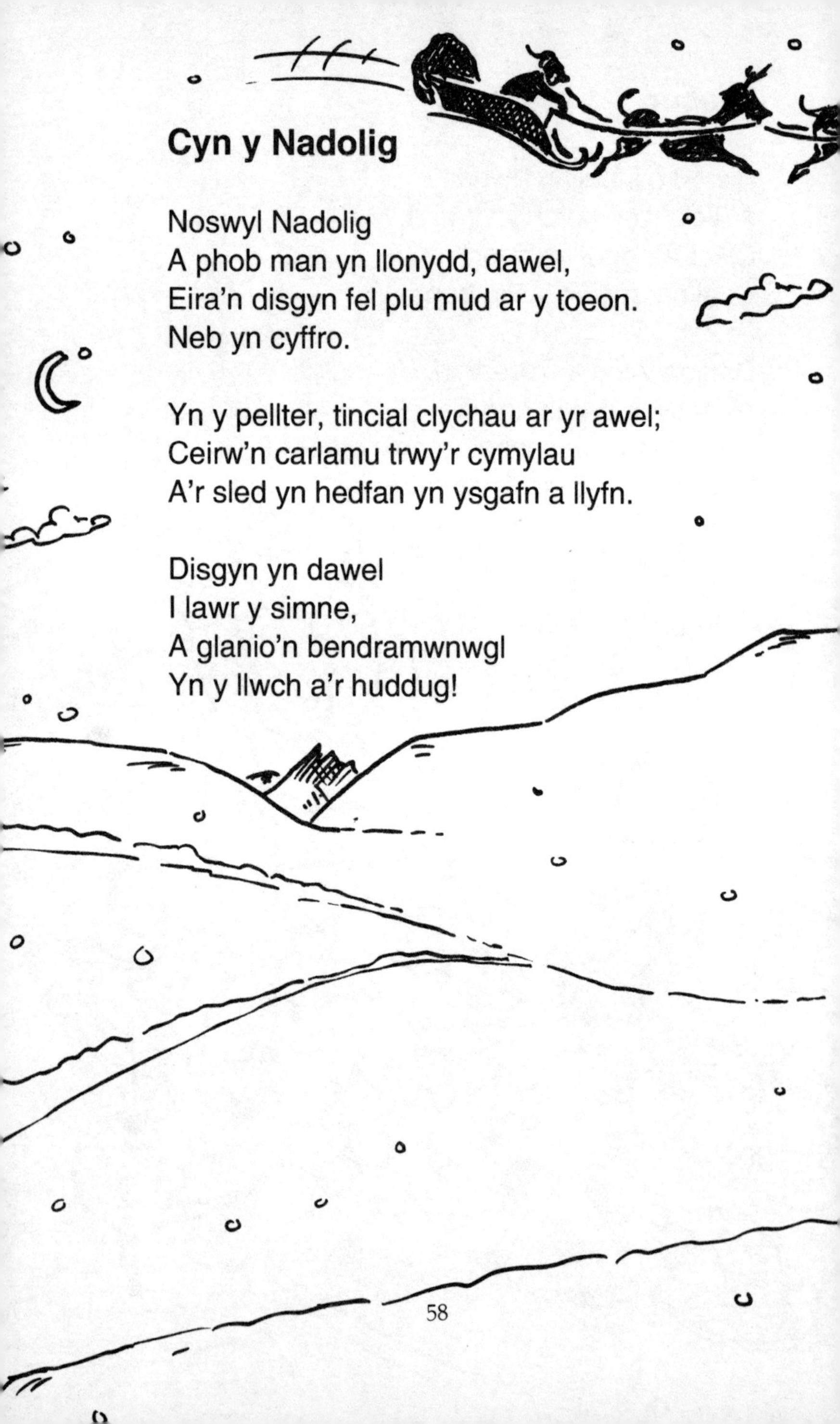

Cyn y Nadolig

Noswyl Nadolig
A phob man yn llonydd, dawel,
Eira'n disgyn fel plu mud ar y toeon.
Neb yn cyffro.

Yn y pellter, tincial clychau ar yr awel;
Ceirw'n carlamu trwy'r cymylau
A'r sled yn hedfan yn ysgafn a llyfn.

Disgyn yn dawel
I lawr y simne,
A glanio'n bendramwnwgl
Yn y llwch a'r huddug!

Bonheddwr rhadlon llond ei groen,
Ei fola'n ysgwyd fel jeli,
Ei wyneb bochgoch
Yn gariad i gyd
A'i sach yn orlawn . . .

O'r sach yn llawn rhyfeddodau,
Dosbarthu'r anrhegion
Mawr a bach,
Hir a chul,
Sgwâr a chrwn,
Cyn diflannu'n llwyr!

Blwyddyn 5
Ysgol Gymraeg Dewi Sant, Llanelli

Cinio Nadolig

Twrci tew yn boeth a melyn,
Tatws, moron, pys a stwffin.
Grefi brown neu lwmp o fenyn,
Bwyta'r oll, dim lle i bwdin.

Ysgol y Bont, Llangefni

Noson Nadolig

Dydd ar ben
Amser gwely,
Pawb yn hapus
A Siôn Corn yn gwenu.

Rhian Scott a Catrin Nolan
Ysgol Gymraeg Parc y Tywyn

Angel

Angel
Mor wyn â'r bwrdd o flaen y dosbarth,
Rwyt ti'n sefyll ar ben y goeden
Yn edrych ar y plant yn agor eu hanrhegion.

Rwyt ti'n dawel dawel
Fel llygoden fach
Yn aros ar y brigyn uchaf
Am i Siôn Corn ddod.

Ar ôl y Nadolig
Byddi di'n cael dy roi yn daclus yn y bocs
Ac yna'n mynd yn ôl i'r atig dywyll
Nes daw y Nadolig nesaf.

Sophia John

Llawer o . . .

Llawer o fwyd
Llawer o sŵn
Llawer o losin
Llawer o bwdin.
Llawer o deganau
Llawer o gardiau
Llawer o gacennau
Llawer o garolau.
Llawer o dwrci
Llawer o eira
Llawer o dinsel
Llawer o addurniadau
Llawer o oleuadau,
Dyna beth fydd Nadolig llon!

Grant Bowen
Ysgol Parc y Tywyn

Beth sy'n grwn?

Mae peli eira yn grwn,
Mae pen a chorff dyn eira yn grwn,
Mae trwyn coch Rwdolff yn grwn,
Mae bola Siôn Corn yn grwn,
Mae pwdin Nadolig yn grwn,
Mae peli gwydr ar y goeden yn grwn,
Mae Cristingl yn grwn,
Mae cylch euraid uwchben y Baban Iesu yn grwn.
Mae'r byd yn grwn adeg y Nadolig.

Ysgol y Babanod, Felinfoel

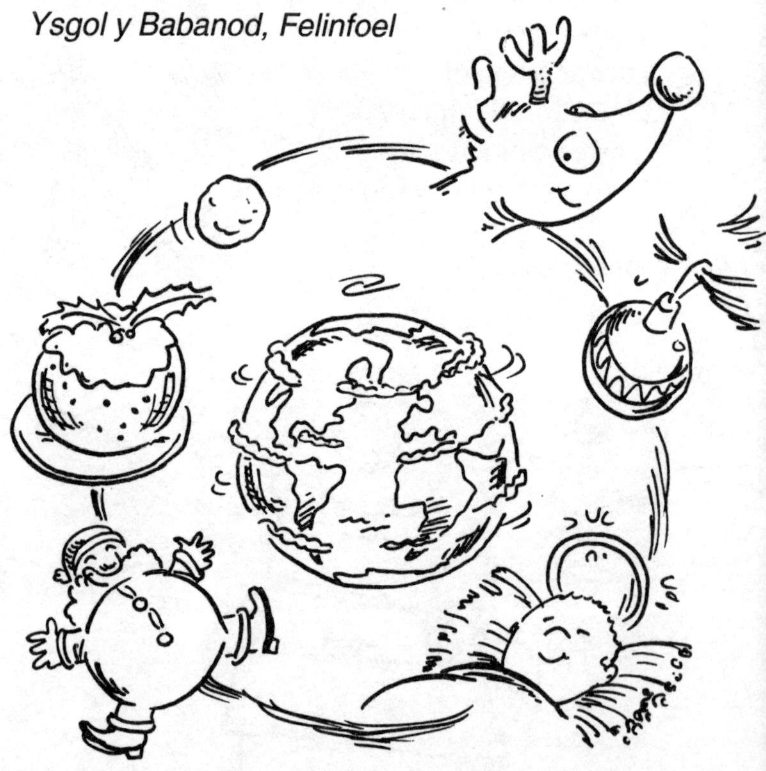

Siopa Nadolig

Dyw Mam ddim yn hoffi cerdded
Na mynd am dro hyd gaeau iraidd;
Ond soniwch chi am siopa Dolig –
Cewch weld hi'n rhedeg ras Olympaidd!

Gwyn Morgan

Anrhegion

Sialc i'r athro,
I'r postmon – stamp.
Tractor i'r ffermwr,
Dyna i chi gamp.
Drych i'r gwleidydd,
I'r glöwr – glo.
Sgrifbin i'r awdur,
I'r ceidwad – clo.
Car i'r mecanig,
I'r syrffiwr – ton.
Gwên i'r doctor,
I'r cerddwr – ffon.
Dw i eisiau miwsig,
Mae Mam eisiau ci,
Tabledi tawelu – i Dad –
I'n goddef ni.

Gwyn Morgan

Toriad ar y llif trydan

Fe dorrodd llif y trydan
Un Dolig yn tŷ ni;
Dim chwarae gyda *game boy*,
Dim twrci chwaith i mi.
Dim clywed cryno-ddisgiau,
Dim canu'r gitâr fâs;
Dim goleuadau'r goeden –
Medd Dad, 'Mae eisiau gras'.

Gwyn Morgan

Gwaith y Nadolig

Y mae gwaith y Nadolig yn dechre
pan ddaw dydd Nadolig i ben,
pan fydd Santa 'di'i throi hi am adre
a'r goeden yn ddim byd ond pren.

Pan fo'r tinsel yn saff yn yr atic
yn angof mewn dau neu dri blwch,
y cyfarchion a'r cardie 'di llosgi
ac ysbryd yr ŵyl yn hel llwch.

Bryd hynny y mae angen angylion
i dorchi'u hadenydd go iawn,
a bryd hynny mae angen lletywr
all 'neud lle er bo'r llety yn llawn.

Yr un pryd mae galw am Fugail
i warchod y defaid i gyd,
fel mae galw am ddoethion a seren
i egluro tywyllwch y byd.

Mae 'na alw am gast drama'r geni
drwy'r flwyddyn i weithio yn gudd,
am fod gwaith y Nadolig yn anodd –
yn ormod o waith i un dydd.

Mererid Hopwood

Yr eiliadau

Yn yr eiliadau rhwng dwy gynghanedd,
rhwng cusanu'r bychan a'i roi i orwedd,
rhwng gwisgo'r faneg a stwytho'r bysedd
wrth i eiriau fferru ar wynt y gogledd,

Rhwng gweld hen wyneb a chofio'r enw,
wrth blicio label oddi ar botel gwrw,
rhwng rhoi'r teganau drachefn i'w cadw
a gwylio heddiw yn y tân yn marw,

Rhwng canu'r garol a rhoi calennig
a thynnu'r celyn o'r waliau cerrig
a gweld bod 'leni a llynedd mor debig,

yn yr eiliadau hynny'n unig
mae 'na dawelwch, ac mae'n Nadolig.

Meirion MacIntyre Huws

Gŵyl y golau

Mae'n Nadolig – a mi'n dwlu ar ŵyl
  y rhoi, ond er hynny
  ni wadaf nad yw credu'n
  anodd iawn ar noson ddu –

heno mewn byd anghynnes
nid yw'r nef 'run darn yn nes.

Ond aros, er bod y noson yn dywyll,
  yn dawel rwy'n fodlon
  taeru bod gwawl mwy tirion
  yn dychwel i orwel hon –

am ennyd yn fy mynwes
a ddaw'r nef rhyw ddarn yn nes?

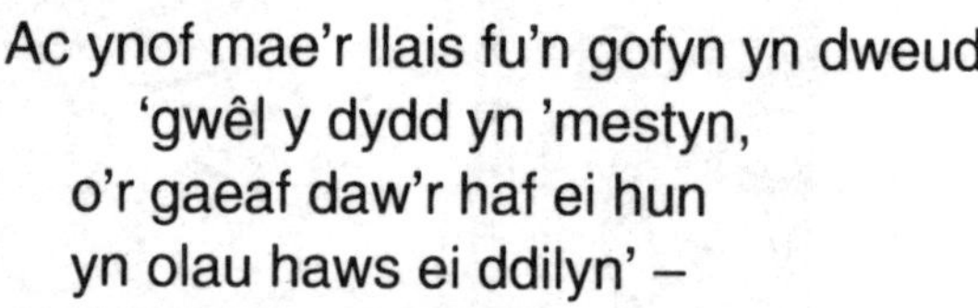

Ac ynof mae'r llais fu'n gofyn yn dweud
  'gwêl y dydd yn 'mestyn,
  o'r gaeaf daw'r haf ei hun
  yn olau haws ei ddilyn' –

yn un anrheg o neges:
fe ddaw â'r nef ddarn yn nes.

Mererid Hopwood

Teisen Mam

Mae teisennau Mam fel creigiau
Rhai caled, gwydn, mawr;
Fe flasodd Siôn Corn gwpwl
Nawr mae'n griddfan ar y llawr.

Gwyn Morgan

Wedi'r Ŵyl

Bagiau bin a phlant yn teimlo'n fflat;
Brwsio neu bigo'r nodwyddau pin o'r mat;
Tywydd, tymer unwaith eto yn chwit-chwat,
Wedi'r nos ac wedi'r ŵyl.

Gerddi golau wedi diffodd erbyn hyn;
Casglu'r cardiau, pob silff yn edrych yn syn;
Heddwch, brawdgarwch yn diflannu dros y bryn,
Wedi'r nos ac wedi'r ŵyl.

Dim sôn am Siôn mewn unrhyw siop na thre;
Dim dawns o dinsel yn rhoi sbonc i'r lle;
Dim argoel o angel na seren yn y ne'
Wedi'r nos ac wedi'r ŵyl.

Golau gwan yn gynharach yn y dydd;
Egin gwyn a dechrau deffro sydd
Wedi'r nos ac wedi'r ŵyl;
Dechrau deffro o'r dechrau sydd
A'r nos yn gorfod ildio i'r dydd.

Myrddin ap Dafydd

Penillion y Calan

Blwyddyn Newydd Dda i chi
Ac i bawb sydd yn y tŷ.
Dyma yw 'nymuniad i,
Blwyddyn Newydd Dda i chi.

*　*　*

Blwyddyn Newydd dda i chi, bob un, trwy'r tŷ,
Rhowch galennig yn galonnog i blant bach sydd heb
un geiniog.

Ceiniog ne' ddime, p'un a fynnoch chithe,
Ceiniog sy ore,
Blwyddyn Newydd Dda i chi.

*　*　*

Plant bach Cymru ydym ni
Yn canu ein carolau,
Peidiwch chi â gyrru'r ci
I redeg ar ein holau.
Blwyddyn Newydd Dda i chi
A phawb o'r teulu serchog,
Dewch benteulu atom ni
A rhowch i ni geiniog.

*   *   *

Blwyddyn Newydd Ddrwg
Llond tŷ o fwg!

Traddodiadol

*addasiad gan Myrddin ap Dafydd
o gerdd hudolus Clement C. Moore
am ymweliad Siôn Corn.*

£4.95

*Teitl arall yn y
gyfres Cerddi Lloerig i blant.
Digon o hwyl wrth ddarllen am y
tywydd a'r tymhorau.*

£3.95